클레오파트라

2012년 5월 20일 초판 1쇄 인쇄 | 2012년 5월 30일 초판 1쇄 발행
글쓴이:다니엘라 볼파리 | 그린이:마리 드 프레몽빌 | 옮긴이:이종은
펴낸이:강영주 | 펴낸곳:지에밥 | 디자인:장현순 | 등록:2011년 10월 20일 제 2011-000082호
주소:경기도 성남시 분당구 분당동 100-3 | 전화:(031)602-0190
팩스:(031)602-0190 | E-mail:slchan01@naver.com | ISBN:978-89-968365-1-3
값 15,000원 ※잘못된 책은 바꾸어 드립니다.

Cléopâtre

Copyright ⓒ by Danieal Volpari, Marie de Prémonville
ⓒEditions Philippe AUZOU, Paris(France) 2011, Cléopâtre
All rights reserved.
Korean Translation Copyright ⓒ2012
by GIEBAP through Young Agency.
Korean editions is published by arrangement with Editions Philippe AUZOU.

이 책의 한국어판 저작권은 Young Agency를 통한 Editions Philippe AUZOU와의 독점 계약으로 지에밥에 있습니다.
저작권법에 의해 한국 내에서 보호를 받는 저작물이므로 무단 전재와 무단 복제를 금합니다.

클레오파트라

다니엘라 볼파리 _글

마리 드 프레몽빌 _그림 이종은_옮김

giebap

이집트의 여왕 클레오파트라는 금과 보석으로 반짝이는 팔찌를 바라보았습니다.
사랑하는 사람이자 세 아이의 아빠인 안토니우스가 선물해 준 것이었지요.

안토니우스는 바로 몇 시간 전에 전쟁에 패배한 채 클레오파트라의
품에서 숨을 거두었습니다. 슬픔에 잠긴 클레오파트라의 마음을 아는지
모르는지 맑은 여름 하늘에서 산들바람이 솔솔 불어와
궁전의 향기를 빼앗아 갔습니다.

클레오파트라는 하늘거리는 커튼을 지나 충실한 하녀
이라스에게 갔습니다. 이라스는 말없이 진귀한 오일로 가득 찬
은잔을 내려놓고 클레오파트라의 손을 안마해 주었습니다.
클레오파트라는 코끝으로 전해오는 감미로운 향기를
맡으며 추억에 잠겼습니다.

꿈 많던 어린 시절, 클레오파트라는
선조들이 이룩한 파라오 시대의 영광을
되찾고 싶었습니다.

클레오파트라는 아버지 프톨레마이오스 12세가 죽은 해에
열일곱 살의 나이로 여왕의 자리에 올랐습니다.
하지만 당시 이집트는 여성이 혼자 왕위를 차지할 수 없었기 때문에
왕의 권력을 열 살밖에 안 되는 남동생과 나누어야만 했지요.

그런데 남동생 곁에 있는 신하들은 클레오파트라와 동생 사이를
자꾸 벌여 놓더니 마침내 전쟁을 일으켰습니다. 결국 이 전쟁에서
클레오파트라는 패하고 맙니다.
클레오파트라는 스무 살이 되는 해에 시리아로 쫓겨나는 신세가 됩니다.
그런데 그곳에서 정복자 율리우스 카이사르를 운명적으로 만나지요.
알렉산드리아에 머물던 카이사르는 클레오파트라의 처지를
가엾게 여기고 동생과의 싸움이 잘 해결되기를 원했습니다.
클레오파트라는 이때 카이사르의 마음을 얻기로 마음먹습니다.

그리고 카이사르의 하인들이 나르던 둘둘 말린 양탄자
속에 들어가 궁전 안으로 들어가는 데 성공하지요.
클레오파트라는 그때 카이사르가 깜짝 놀라던 것을
떠올리며 피식 웃음을 터뜨렸습니다.
카이사르 앞에 쿵 떨어졌을 때 클레오파트라는
하늘하늘한 치마에 값비싼 보석으로
치장하고 있었지요.
클레오파트라는 카이사르와 저녁 식사를 하면서
나라의 미래에 대해 이야기를 나누었습니다.
똑똑하고 열정적인 클레오파트라는
일곱 개 외국어를 할 수 있었고
아는 것도 무척 많았습니다.
카이사르는 곧 클레오파트라를 사랑하게 되었고,
이집트의 왕위를 보장해 주었습니다.

클레오파트라의 곁에서 안마를 하던 이라스의 입에서 이집트 민요가 흘러나왔습니다.
클레오파트라는 카이사르와 나일 강으로 멋진 배를 타고 여행을 떠났던 추억을
떠올렸습니다. 그때에는 클레오파트라가 그토록 사랑하는 국민들이
어디를 가든 과거의 파라오처럼 환영해 주었지요.
끝도 없이 늘어선 행렬, 온갖 빛깔 아름다운 꽃들, 물길을 따라 줄지은 사람들이
아이를 품에 안고 행복해하는 모습 들이 클레오파트라의 마음속에 펼쳐졌습니다.
그때 이집트 사람들은 카이사르 덕분에 이집트가 로마와 협정을 맺어
평화롭고 풍요롭게 된 것을 기뻐하고 있었지요.

얼마 뒤 카이사르는 다시 로마로 돌아가야 했습니다.
클레오파트라도 카이사르를 따라 로마로 갔습니다.
클레오파트라는 그곳에서 이 년을 보낸 뒤 다시 이집트로 돌아옵니다.
그런데 그 사이에 국민들은 마음이 변해서 모두 클레오파트라를
미워하고 있었습니다. 카이사르의 멋진 조각상이 세워지고,
아들 카이사리온도 태어났지만 국민들은 전혀 좋아하지 않았습니다.
이때까지도 클레오파트라는 앞으로 어떤 비극이 기다리고
있는지 전혀 몰랐습니다. 그것은 카이사르가 아들 브루투스의 손에
암살을 당한 것이었습니다. 클레오파트라는 급히 알렉산드리아로
피신을 해야 했습니다.
그곳에는 굶주림으로 성난 사람들이 기다리고 있을 뿐이었습니다.

한편 로마는 죽은 카이사르의 자리를 이을 것인지를 놓고 안토니우스 파와
옥타비아누스 파가 팽팽하게 대결하고 있었습니다. 이 중에서 후계자로 지정받은
사람은 옥타비아누스였지요.
이 상황을 잘 알고 있던 클레오파트라는 이집트 군대를 보내 브루투스에 맞선
싸움을 도왔습니다. 클레오파트라는 이집트의 주권을 찾기 위해서는 로마의
승리가 필요하다고 생각한 것이지요. 로마의 도움 없이는 이집트가 살아남을 수
없었기 때문입니다.
결국 승리를 얻은 옥타비아누스와 안토니우스는 로마의 영토를 반으로 나누었습니다.
그래서 옥타비아누스는 로마를 포함한 서방을, 안토니우스는 이집트와 동방을
나누어 가지기로 하였습니다.

안토니우스는 이집트와 동방의 왕들을 불러 모았습니다. 여기에 클레오파트라도 끼여 있었지요. 클레오파트라는 로마에 머물던 때에 카이사르의 부하였던 안토니우스와 마주친 적이 있었습니다. 스물아홉 살밖에 되지 않았던 클레오파트라는 마흔두 살의 안토니우스에게 관심을 가졌습니다. 그리고 곧 안토니우스가 크고 화려한 것을 좋아한다는 것도 알아내었지요.

왕들의 모임에 도착한 클레오파트라는 금으로 장식되어 있고 자줏빛 돛이 멋있는 배 앞에 서 있었습니다. 시녀들을 요정처럼 늘어서 있게 하고, 아이들을 꼬마 천사처럼 옷을 입혀서 리라와 피리를 불게 하였습니다. 그리고 클레오파트라는 배 안으로 안토니우스를 초대하였습니다. 클레오파트라의 정열에 카이사르가 그랬듯이, 안토니우스도 흠뻑 빠져 버리게 되었지요.

클레오파트라
는 사랑하는 안토니우스에게 선물 받은 팔찌를 빙그르르 돌려 보았습니다.
팔찌에 박힌 귀한 보석들이 반짝거리자 이라스가 클레오파트라를 올려다보았습니다.
클레오파트라는 미소를 지으며 샤르미온 쪽으로 가 보라고 손짓을 하였습니다.
샤르미온도 클레오파트라의 충실한 하녀였지요. 이라스는 클레오파트라에게
머리를 조아리고 조용히 물러났습니다.

클레오파트라를 따라 안토니우스는 알렉산드리아에 왔습니다. 바다가 펼쳐진 멋진
궁전에서 박물관으로, 도서관으로, 극장으로 다니며 둘은 행복한 시간을 보냈습니다.
날마다 축제와 연회가 끊임없이 이어졌고 안토니우스는 항상 전쟁에서 승리를 거두었습니다.
클레오파트라도 조국을 위해 전쟁에 앞장섰습니다.
알렉산드리아 항구는 과거의 찬란한 번영의 모습을 다시 찾기 시작했습니다.

좋은 날들은 오래 가지 않았습니다.
카이사르가 그랬듯이 안토니우스도 로마에 돌아가야 했습니다. 안토니우스 파와
옥타비아누스 파의 대결이 매우 심각했기 때문입니다. 마침내 안토니우스는
옥타비아누스와 평화 협정을 맺고 맙니다. 그리고 이것을 확실하게 하기 위해
옥타비아누스의 누이인 옥타비아와 결혼을 하게 되지요.

이 무렵 홀로 알렉산드리아에 남겨진 클레오파트라는 안토니우스의 자식을 낳습니다.
아들과 딸 쌍둥이였지요. 아들의 이름은 알렉산드로스 헬리오스, 딸의 이름은
클레오파트라 셀레네스였습니다. 헬리오스는 태양, 셀레네스는 달이라는 뜻이지요.
길고 긴 삼 년 동안 클레오파트라는 안토니우스와 떨어져 지내며 아이들을 홀로 키웠습니다.

이 시절을 추억하는 클레오파트라의 뺨에서 어느새 눈물이 흘러내렸습니다.

쌍둥이들이 자라는 동안 안토니우스는 로마에서 새로운 아내와 평화로운 시간을 보내고 있었지요.

안토니우스가 새로운 전쟁을 시작하러 시리아 왕국에 와 있을 때였습니다.
이 사실을 안 클레오파트라는 시리아 왕국으로 달려가서
사랑하는 안토니우스를 다시 만납니다. 둘은 다시 사랑에 빠졌지요.

클레오파트라는 그때 달빛 속에서 둘이 한 사랑의 맹세를 생각하며
미소를 지었습니다.
'더 이상 서로를 떠나지 말자, 죽음도 우리를 갈라놓을 수 없다.'
클레오파트라는 세상을 다 가진 기분이었습니다.

클레오파트라와 안토니우스는 기쁜 마음으로 다시 알렉산드리아에 돌아옵니다.
그리고 안토니우스는 이집트에 머물면서 여러 이웃 나라와 교역을 하며
각국의 신임을 얻습니다.
그때가 가장 화려한 시절이었습니다. 클레오파트라는 이집트가
더욱 강해져서 파라오의 영광을 다시 누릴 수 있을 것이라고 생각했지요.

클레오파트라는 시간이 멈추어서 그때로 돌아갔으면 좋겠다고 생각했습니다.
이제 클레오파트라는 이 모든 것을 포기해야만 합니다.
곁에서 이라스와 샤르미온이 흑흑 소리를 내며 눈물을 훔치고 있었습니다.
클레오파트라도 알고 있었습니다. 이제 전부를 다 잃어버린다는 것을.
클레오파트라는 추억 속에 다시 잠겼습니다.

서른세 살이 된 클레오파트라는 세 번째 아기를 가졌습니다. 남자아이였지요. 아이의 이름을 프톨레마이오스 필라델푸스라고 지었습니다. 그러나 행복을 맛볼 겨를도 없이 안토니우스는 클레오파트라 곁을 떠났습니다.

안토니우스는 전쟁에서 밀리게 되자 로마에 있는 옥타비아누스에게 지원군을 보내 달라고 요청했습니다. 그런데 옥타비아누스는 안토니우스가 하는 일을 의심하고 있었습니다. 이미 전쟁의 판세가 기울고 있다고 생각했기 때문입니다. 옥타비아누스는 부탁에 못 이겨서 군대를 보내면서도 그 무리에 자신의 누이이자 안토니우스의 아내인 옥타비아를 함께 보냅니다.
옥타비아가 그리스 아테네까지 왔다는 사실을 알게 된 안토니우스는 돌아가라고 명령합니다. 결국 옥타비아는 돌아가고, 지원군만 안토니우스 군대에 합류합니다.
클레오파트라는 옥타비아가 이토록 가까이 왔다는 사실에 질투가 나서 안절부절못하다가 안토니우스의 행동을 보고 곧 안심을 하지요.

안토니우스는 지원군의 힘을 받아 대정복을 마치고 돌아옵니다.
이것을 축하하기 위해 이집트에서는 전통 방식으로 호화로운 축제를 열었습니다.
알렉산드리아 거리에는 엄청난 군중이 쏟아져 나와 클레오파트라와 안토니우스를
환영했습니다. 이때 클레오파트라는 이집트의 수호신 이시스 같았고,
안토니우스는 오시리스 신 같았습니다.

중앙에 있는 큰 광장을 지나 클레오파트라와 안토니우스는 엄청나게 큰 등대에 도착했습니다. 등대 꼭대기에 불을 피우고 금속으로 된 거울을 통해 바다로 빛을 반사시켰습니다. 매일 큰 잔치가 계속되었습니다. 안토니우스는 자식들에게 동방의 국가들을 나누어 주겠다고 선언하였습니다. 더불어 왕 중에 왕인 카이사르를 추모하기 위해 카이사르와 클레오파트라 사이에서 태어난 카이사리온에게도 영토를 나누어 주었습니다.

그러나 행복은 오래가지 않았습니다. 안토니우스가 자신의 누이를 돌려 보냈다는 사실을 알게 된 옥타비아누스가 화가 났기 때문입니다. 안토니우스와의 전쟁을 다짐한 옥타비아누스는 클레오파트라에 대한 나쁜 소문을 퍼뜨리기 시작합니다.

클레오파트라는 옥타비아누스를 떠올리며 몸을 부르르 떨었습니다. 사람들은 클레오파트라를 마녀라고 불렀습니다. 안토니우스를 뒤에서 조종하려고 유혹했다는 소문도 자자했습니다.

로마 군대는 점점 클레오파트라를 미워하였습니다. 옥타비아누스는 때를 놓치지 않고 전쟁을 선포했습니다. 전쟁은 바다에서 벌어졌습니다. 안토니우스는 군사가 훨씬 많았지만, 바다에서 전쟁하는 것이 처음이었습니다. 클레오파트라는 전쟁이 끝나기도 전에 도망갈 길을 마련해 두었습니다. 안토니우스는 클레오파트라를 따르며 스스로 패배를 재촉했습니다. 마침내 옥타비아누스는 안토니우스의 군대를 무찔렀고, 이 승리는 시작에 불과했습니다.

클레오파트라와 안토니우스는
알렉산드리아로 돌아왔습니다.
모든 것이 다 산산조각 나 있었지요.
안토니우스는 더 이상 의기양양한 정복자가 아니었습니다.
찬란한 날들은 다 지나가고 돌아오는 것은 차디찬
비웃음뿐이었습니다.
옥타비아누스는 계속 진격해 오며 세력을 확장하였습니다.
이제 더 이상 막강한 옥타비아누스를 막을 수는 없었습니다.

클레오파트라는 아들 카이사리온이 걱정되어
수단으로 피신을 시켰습니다.

클레오파트라의 눈에서는 다시 눈물이 흘렀습니다.
오늘도 여전히 다른 아이들이 걱정되었던 것입니다.
옥타비아누스가 아이들에게 해를 끼치지 않겠다고 한 약속을
지키기만을 바랄 뿐이었지요.
따지고 보면 매형의 아이들이니까요. 클레오파트라는
옥타비아누스가 자기 인생을 짓밟고 불행하게
만든 것을 용납할 수 없었습니다.
건방진 이 젊은이가 자신의 조국을 빼앗아
간다는 사실을 곱씹으며 분노했습니다.

악티움 해전에서 승리한 옥타비아누스는
그의 군대와 함께 알렉산드리아로 들어왔습니다.
클레오파트라를 궁지에 몰아넣으려고 생각이었지요.
파라오의 도시로 들어온 옥타비아누스는 클레오파트라가
자살했다는 소문을 퍼뜨렸습니다.

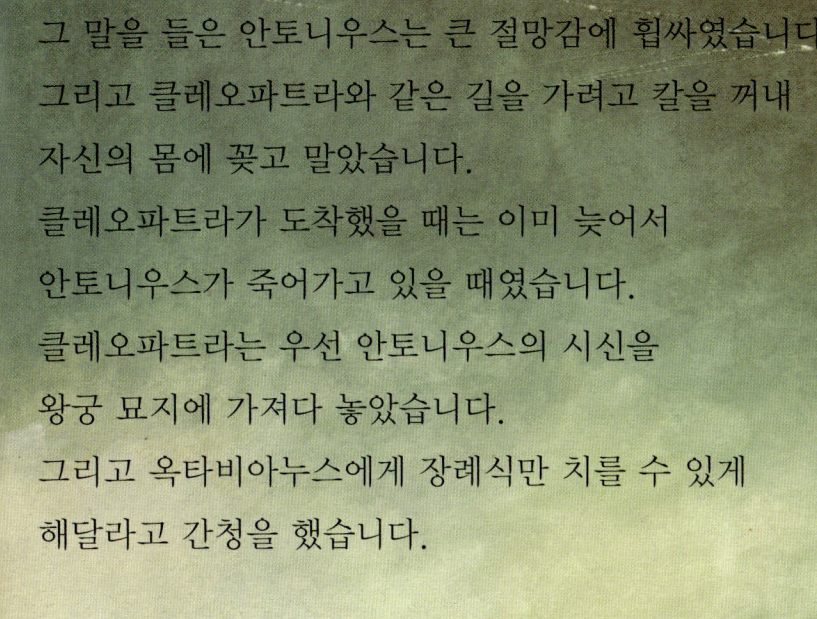

그 말을 들은 안토니우스는 큰 절망감에 휩싸였습니다.
그리고 클레오파트라와 같은 길을 가려고 칼을 꺼내
자신의 몸에 꽂고 말았습니다.
클레오파트라가 도착했을 때는 이미 늦어서
안토니우스가 죽어가고 있을 때였습니다.
클레오파트라는 우선 안토니우스의 시신을
왕궁 묘지에 가져다 놓았습니다.
그리고 옥타비아누스에게 장례식만 치를 수 있게
해달라고 간청을 했습니다.

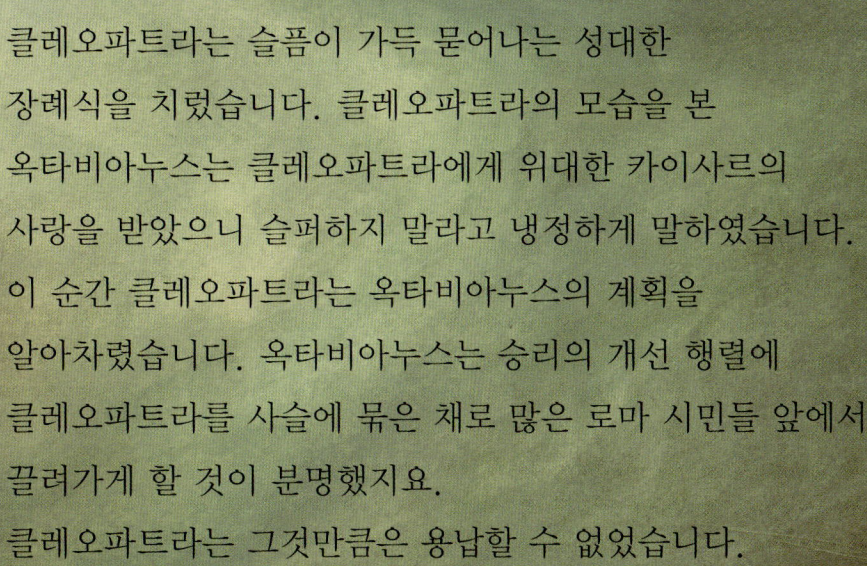

클레오파트라는 슬픔이 가득 묻어나는 성대한
장례식을 치렀습니다. 클레오파트라의 모습을 본
옥타비아누스는 클레오파트라에게 위대한 카이사르의
사랑을 받았으니 슬퍼하지 말라고 냉정하게 말하였습니다.
이 순간 클레오파트라는 옥타비아누스의 계획을
알아차렸습니다. 옥타비아누스는 승리의 개선 행렬에
클레오파트라를 사슬에 묶은 채로 많은 로마 시민들 앞에서
끌려가게 할 것이 분명했지요.
클레오파트라는 그것만큼은 용납할 수 없었습니다.

클레오파트라는 언제나 마법처럼 나타나는 이라스와 샤르미온을
불렀습니다. 그리고 머리를 끄덕이며 시간이 되었음을 알렸습니다.
　　샤르미온은 프톨레마이오스 왕조 대대로 내려오는 붉은색 실크 쿠션을
가져다 주었습니다. 그리고 보석 박힌 코브라로 장식된 왕관도
대령했습니다.
　　이라스는 금으로 된 아주 무거운 목걸이와 큰 행사 때만 입는
예복을 가지고 왔습니다. 이라스가 왕비의 옷을 입히는 동안
샤르미온은 검은빛 머리를 부드럽게 빗기며 왕관을 씌워
주었습니다.
　　이라스는 꽃과 무화과로 가득 찬 바구니를 들고 서 있었습니다.
클레오파트라는 한번 물리기만 하면 죽는다는 독사를
이 바구니에 넣어 오라고 하였습니다.

이라스는 여왕에게 바구니를 건네며 눈물을 뚝뚝 흘렸습니다.
왕실의 의상을 갖춰 입은 여왕은 위엄이 살아 있었습니다.
이라스와 샤르미온도 클레오파트라와 같은 길을 가기로 하였습니다.
클레오파트라는 이 둘에게 말했습니다.
"그대들은 이 여왕과 이집트 파라오 왕족을 모신 충성스러운 신하들이다.
그대들의 용맹과 헌신은 역사에 남으리라. 그리고 나 클레오파트라는
그대들의 충성심에 감사를 표하는 바이니라."

이 말을 끝으로 클레오파트라는 바구니에 손을 넣었고, 독사는 클레오파트라의 손을
꽉 물었습니다. 클레오파트라는 '아' 탄식을 내뱉으며 금박 쿠션에 고개를 떨구었습니다.
샤르미온은 약병의 독을 마시기 전에 클레오파트라의 왕관을 정리해 주었습니다.
클레오파트라의 마지막 모습이 장엄하게 보이게 하기 위해서였지요.
그리고는 "왕들의 여왕 클레오파트라가 잠드셨다."라고 말하였습니다.

클레오파트라는 사랑하는 안토니우스와 맹세했던 것처럼 천국에서 영원히 함께하고 있을 것입니다.